50
ESTRATÉGIAS PARA INOVAÇÕES SUSTENTÁVEIS

Como Reduzir Desperdícios e Criar Negócios que Respeitam o Planeta

EDSON ZOGBI

Conteúdo

Prefácio 3

Por que adotar estratégias para inovação 7

O que sustentabilidade tem a ver com isso? 11

Tipos de inovação e atitudes estratégicas 13

Casos de inovação e atitudes estratégicas 36

Estratégias e Táticas 47

Posicionamento Estratégico 51

Bloqueios à Inovação e estratégias para superá-los 58

Soluções de problemas – criatividade contra obstáculos 78

Escolhas estratégicas para cada projeto 81

Componentes Inovadores 82

Produtos inovadores 84

Serviços Inovadores 85

Produtos e serviços inovadores 88

Sistemas inovadores privados 89

Sistemas inovadores públicos 94

Sistemas inovadores do terceiro setor 96

O futuro: Inteligência artificial estratégica? 98

Estratégias 1 a 50 100

Bibliografia 102

Prefácio

Nasci professor, com 10 anos ganhava algum dinheirinho dando aulas particulares de matemática para os vizinhos mais jovens, a pedido dos pais deles.

Comecei a trabalhar na fase de jovem adulto e percebi que em qualquer segmento, ou setor, que eu atuasse uma coisa seria certa, era praticamente uma regra instintiva minha, eu tinha sempre que inovar, fazer as coisas de uma forma melhor, ou diferente, ou até mais simples. Mal sabia eu que estas três vertentes seriam as definições dos tipos de inovação que iria colocar no meu primeiro livro sobre Gestão da Inovação, em 2008*.

*Competitividade através da gestão da inovação, Editora Atlas, São Paulo, Brasil, que hoje está atualizado e se chama GESTÃO DA INOVAÇÃO - Como Transformar Ideias Criativas em Produtos e Serviços Viáveis, e-book em português e inglês.

Aos vinte e oito anos fui convidado para dar aulas de criatividade em cursos de pós-graduação na ESPM, a melhor faculdade de propaganda e marketing da américa latina.

A maior parte dos alunos tinha a minha idade, ou eram mais velhos que eu. Confesso que tanto ensinei como aprendi muito durante os onze anos que fiquei por lá e os outros tantos que fiz o mesmo em outras faculdades.

Sempre dava aulas a noite e durante o dia seguia carreira executiva, inovando por onde passava, quando não conseguia mais inovar, trocava de trabalho, certamente a rotina não era para mim.

Entre uma empresa e outra, empreendi algumas vezes e adorei sempre, mesmo sofrendo com os erros nas áreas que não tenho vocação, mas são vitais para crescer como dono do próprio negócio, finanças era uma delas.

Talvez por isso eu não tenha insistido tanto como empresário, quando a rotina ficava chata e a inovação ficava para depois, eu preferia buscar novos desafios. Nada como o passar do tempo para decifrar nossas antigas atitudes.

O livro CRIATIVIDADE – O comportamento inovador dentro da sua zona de conforto foi uma encomenda da Editora Atlas, em 2013. Hoje ele também é um e-book e está nas mesmas plataformas que o livro Gestão da Inovação, nos mesmos idiomas. É um livro comportamental, enquanto o de Gestão da Inovação, como o nome diz, é mais técnico. Ambos se complementam muito e lançaram conceitos fundamentais para quem trabalha com estes dois temas ou os estuda. Tenho muito prazer em ver as sementes destes dois livros em aulas, outros livros e exames escolares.

São realizações que confortam meu avanço etário e que são heranças éticas e significativas para as gerações futuras, tenho certeza disso.

Entre o começo a o agora, passaram-se mais de três décadas, que foram recheadas com projetos no Brasil e em Portugal.

É neste ponto que se descortina na minha frente a confecção do livro que você está lendo agora, num momento onde o ecossistema da inovação global está estabelecido, em ebulição, mas com muitíssimo desperdício de recursos financeiros e humanos, enfim, em desequilíbrio.

Para muitos atores deste ecossistema isso é algo ainda não visível de perto, mas o tempo não perdoa desaforos no mundo dos negócios e faz-se urgente e necessária a reflexão sobre que estratégias adotar quando falamos em aplicar a criatividade e gerar e gerir a inovação.

Adjetivo a **Inovação** com a palavra **Sustentável** no título e no decorrer deste livro, para que seja interpretada não exclusivamente no sentido da sua durabilidade, mas também no de colaboração para a saúde e preservação do ecossistema a que pertence, visando lastrear tudo o que se faz e investe com o objetivo de evitar desperdícios, afinal a criatividade é infinita, mas o planeta terra não.

Diante deste cenário, este livro é oportuno e fundamental como base conceitual, pelo menos assim espero.

Desejo que esta leitura possibilite boas decisões para você, leitor!

Edson Zogbi

Por que adotar estratégias para inovação

Se você é gestor da inovação, talvez ache este capítulo óbvio, mas, se você quer inovar ou já está inovando e não tem experiência como gestor da inovação, é melhor levar o assunto muito a sério.

O mundo está com uma concentração de riquezas nunca registrada antes na história. Isto faz com que muitos invistam seus recursos nos segmentos tradicionais, buscando rentabilidade, quer seja para manter o patrimônio, quer seja para ampliá-lo. Mas a sobra de capital é tão grande nesse pequeno grupo de pessoas, que elas se sentem à vontade para arriscar mais, como se fossem ao cassino, afinal, estamos falando do excesso do excesso de dinheiro.

Esta condição global (ressalto que a considero extremamente injusta) alimentou a ascensão do ecossistema da inovação que temos hoje. O fato é tão incomum que até unicórnios surgiram e as pessoas começaram a acreditar neles. O que era ficção, aportou na realidade, mas será que isso cola?

Só para deixar claras algumas terminologias: os unicórnios no ecossistema da inovação são as *startups* que receberam mais de 1.000.000.000,00 de dólares de investidores e as *startups* são empresas em fase de arranque. Lembrando que podem existir *startups*, unicórnios ou não, que não são inovadoras, apenas são empresas novas no mercado onde atuam.

Um exemplo conhecido de *start-ups* unicórnio é a *Wework*, que aluga espaços de trabalho, mas não tem características inovadoras, salvo um ou outro pequeno detalhe que dê um ar de inovação, mas não passa de maquiagem. A prova cabal disso é que a *Wework* poderia ser copiada no dia seguinte ao seu lançamento (e foi, às centenas de milhares) por outras empresas do ramo imobiliário, o que a descaracteriza totalmente do conceito de inovação, assunto que trataremos melhor adiante.

Voltando ao ecossistema e ao investimento acelerado que ele recebeu nos últimos 10 anos, fica evidente que a velocidade com que isso tudo aconteceu não permitiu análises mais técnicas ou profundas por parte dos investidores, até porque os conceitos de inovação são novos e há muito desconhecimento sobre este tema. Se notarmos, a maioria dos investidores atuais são especuladores, o que acentua as características de imediatismo, modismo, reservas de mercado e outras, dos investimentos. Ora, isto caminha exatamente no sentido contrário ao da sustentabilidade, que visa a economia de recursos.

Não é à toa que as pessoas inovadoras que originaram suas carreiras na área científica, ficam horrorizadas com essa onda inovadora, pois estão habituadas a tratar a inovação com projetos de longo prazo. Sendo assim, têm dificuldades de lidar com investidores especuladores. Só por este exemplo, percebemos que a adoção de estratégias para a inovação justificaria a existência deste livro, mas há muito mais motivos para isso, vejamos:

- Desde 2019 vários unicórnios quebraram e muitos estão na berlinda, desperdício de bilhões, que poderiam ter sido usados em áreas de menos risco, beneficiando muita gente, mas o mundo é cruel e isso não vai mudar.
- Por outro lado, inovações espetaculares ficam na obscuridade porque seus proprietários ou gestores não têm acesso aos investidores, que são poucos e procurados por muitos (imagine, por exemplo, quanta gente deseja falar com o Elon Musk sobre seus projetos de inovação?)
- Cada macaco no seu galho, certo? Então toda *start-up* que não pode contar com um gestor da inovação preparado fica "manca" nesta parte. Ou seja, mesmo tendo pessoas muito preparadas e investidores no seu time, falta o "macaco" que pensa estrategicamente em inovação.
- Os conceitos sobre inovação são novos e tem muita gente aproveitando a onda para "dar palestras, fazer eventos, meetings, mentorias, mágicas ou até macumbas" para faturar algum dinheirinho, afinal é oportuno. Mas como separar o joio do trigo na hora de contratar ou investir neste tipo de serviço profissional?

Acho que já está bom, né? *Bora lá* entender um pouco mais sobre inovação, gestão da inovação e suas estratégias para dormir tranquilo, sonhando com a sustentabilidade como um objetivo válido, útil, ético e valioso para quem inova a sério.

O que sustentabilidade tem a ver com isso?

Bem, várias dicas sobre este capítulo já foram dadas nas páginas anteriores à esta, mas, esmiuçar o termo, relacionando-o com a inovação tem uma função didática e que não deve ser evitada: a conscientização.

Na maioria das vezes que temos contato com a palavra sustentabilidade, a relação é com a atitude ecologicamente correta: o carro sem combustíveis fósseis é mais sustentável, a geladeira que autocontrola a temperatura interna de acordo com o tipo de alimentos que precisa conservar também (não inventaram ainda? Lembrem de mim na hora da patente, ok?), recomendar o uso da desmaterialização de documentos para a versão digital é sustentável. A lista é longa, mas a sustentabilidade também acontece quando deixamos de desperdiçar tempo, energia das pessoas e dinheiro, afinal, tudo isso pode ser reconvertido em coisas melhores se bem usado, não é?

E como já falei, hoje se torram muitos recursos por falta de conhecimento da inovação e da sua gestão. Quer coisa mais insustentável do que isso? A relação é direta, clara, objetiva.

É claro que minha posição será objetivo de críticas, daqueles que acreditam que tem "faro suficiente" para arriscar o dinheiro (leia-se faro por sorte, por favor), de outros que recebem o dinheiro volumoso para inovações (ou pseudo-inovações) e não querem "ruído", pois a bolada deve ser "blindada", além dos literalmente enganadores, bons de oratória, que "vendem poeira" e depois deixam o ônus para os outros, desde que garantam a parte deles.

Enfim, sustentabilidade só existe onde existe ética, mas independente de nos aventurarmos no tema sobre o que é certo ou errado, a sustentabilidade na inovação será útil para todos, porque ela diminuirá o risco e aumentará a vida útil da inovação, além de contribuir para o conhecimento adquirido no processo de implementação da inovação (produto, serviço ou sistema idealizado).

Sendo assim, uma inovação é sustentável se, durante seu processo de implementação e sua vida útil, desperdiçou pouco tempo, dinheiro e energias humanas. É o estado da arte do ecossistema da inovação. Hoje isso é para poucos, amanhã será fator decisivo do sucesso de cada ideia transformada em inovação.

Portanto, abrace este conceito agora, ou terá de fazer outra coisa no futuro.

Tipos de inovação e atitudes estratégicas

Para pensar estrategicamente você precisa compreender as diferenças entre as três versões de inovação:

Melhoria Contínua é a inovação **Incremental**, também chamada **Diferencial**, ou **de Manutenção** (neste caso leia-se: manutenção da vida útil). Nesta versão a inovação é a mola propulsora da evolução de um produto, serviço, ou sistema existente.

As principais características da Melhoria Contínua, são:

- Ela ocorre com a empresa voltada para dentro, buscando nas suas competências internas os caminhos para a melhoria dos produtos, serviços ou sistemas que comercializa.
- Envolve sempre uma relação entre a administração/gestão e a atividade produtiva, porque trata daquilo que já tem processos estabelecidos e que receberão novos valores agregados a título de inovação.
- Sempre acontece no curto prazo (ou deveria acontecer), pois os produtos, serviços, ou sistemas que recebem a melhoria estão estabelecidos no mercado (são comercializados) e têm concorrentes. Nesse caso, o tempo entre a ideia de melhoria e o incremento real das inovações deve ser curto para gerar um período de vantagem competitiva sobre os concorrentes, até que eles possam inovar ou simplesmente copiar.

Para que a inovação na versão de melhoria contínua valha a pena, alguns problemas devem ser contornados:

1. Pessoas

Existe uma tendência de esgotamento das equipes por conta do volume de trabalho relacionado. Isso acontece porque estamos lidando com os limites da eficiência do produto, serviço, ou sistema já estabelecido. Não é fácil nem simples melhorar constantemente e estes limites começam a aparecer mais e mais, estressando os responsáveis por este tipo de inovação. Por outro lado, o prolongamento da vida útil é rentável e bem menos arriscado do que o lançamento de uma novidade a 100%.

Aqui a estratégia[1] envolve as relações humanas (RH) e o gestor da inovação deve contar com este setor na empresa, ou assessoria externa, na ausência de um setor de RH interno.

2. Informações

O lixo informacional deve ser evitado e tudo o que é gerado durante o processo, mas não é aproveitado, deve ser descartado para não se correr o risco de incorporar inutilidades aos produtos, serviços e sistemas. É comum um produto, serviço, ou sistema receber versões cheias de novidades inúteis ou supérfluas e, ao contrário do que se pretende, o tiro pode sair pela culatra. O termo **melhoria** deve ser levado a cabo neste caso.

Uma estratégia[2] de síntese da busca do essencial é fundamental. Essa capacidade é nata das pessoas, então, se o gestor da inovação tem um perfil que dificulta este tipo de objetivo, ele deve buscar ajuda com um profissional que tenha facilidade em simplificar as coisas, principalmente nos finais dos processos, afinal, tudo o que parece complicado, complexo demais, espanta os clientes/usuários da inovação.

3. Visão

A falta de foco da equipe envolvida pode prejudicar o processo. Não há como incrementar um produto, serviço, ou sistema e ter a sensação de irrelevância ao final do processo. Quando se analisa historicamente o que gerou esta irrelevância, percebe-se que em algum momento o processo desandou porque esqueceram-se dos seus objetivos iniciais.

Aqui a estratégia[3] cabe 100% ao gestor da inovação, que deve conduzir todo o processo para o objetivo central. Isso não quer dizer que oportunidades de fazer algo diferente não possam surgir. Se isso acontecer, o gestor da inovação deve destacar a oportunidade para um novo projeto, mantendo o percurso programado dentro de limites toleráveis (cronograma, custos, dinâmica do mercado e dos concorrentes).

Outra dica é buscar especialistas (não generalistas) para compor projetos inovadores. Especialistas estarão genuinamente envolvidos como o objetivo porque têm ideias e ideais vinculados à sua especialidade. A busca de especialistas nem sempre se restringe às fronteiras da empresa. Apesar de a melhoria contínua acontecer com a empresa voltada para dentro, deve-se considerar especialistas do mercado. Sejam internos ou externos, os especialistas devem somar para o todo do projeto, sem formar feudos (porque isto é uma tendência da maioria deles que o gestor da inovação de ter em conta).

Inovação Radical é a inovação **Não Incremental**, também chamada de **Ruptura** (não confundir com disrupção, sobre a qual falaremos a seguir), **Pura**, **Arquitetural** ou **Descontínua**. Esta versão da inovação trata daquilo que é um lançamento de produtos, serviços, ou sistemas, inéditos no mercado. Dentre suas principais características, estão as seguintes:

- Ela ocorre com a empresa voltada para fora, absorvendo novas ideias e conceitos e os transformando em produtos, serviços, ou sistemas que o mercado não conhece, mas que gerará uma **surpresa positiva por parte dos clientes/usuários ao tomar contato com ela.**

Como tudo relacionado ao processo deste tipo de inovação é novo, a empresa dificilmente terá uma estrutura já preparada para produzi-la. A empresa pode ser constituída a partir do zero por causa desta inovação (*startup*), pode ser o aproveitamento de uma empresa que ficou obsoleta e partiu para uma inovação total, ou pode ser **um anexo** de uma empresa existente em plena função, o que é chamado de **empresa espelho.**

Esta é a principal decisão estratégica[4] em relação à essa característica da inovação Radical: a escolha do tipo de estrutura que será usada. No caso da empresa espelho, aproveitam-se os departamentos acessórios à produção dos produtos, serviços, ou sistemas existentes para desenvolver a inovação, sem interferir na "linha de produção" original, evitando conflitos entre o que está estabelecido e com rotinas, e o novo. Por outro lado, ganha-se sustentabilidade na economia de recursos e nos apoios que pode ter (relações humanas, jurídicos, administrativos).

Ao contrário do que se imagina, corre-se menos riscos implementando inovações Radicais numa empresa existente do que numa *startup*, desde que haja um Gestor da Inovação com autonomia e apoio da cúpula do negócio, ou seja, também se torna estratégico ter um **bom e experiente profissional de inovação** e que ele **tenha alinhamento** com quem define os destinos da empresa.

- Não existe hábito para o que é inédito, portanto, a detecção das oportunidades no mercado (nichos aceleradores e oceanos azuis) é vital para a adoção e sucesso de Inovações Radicais, ou seja, o risco associado ao sucesso ou insucesso é muito maior do que com inovações de Melhoria Contínua. Por outro lado, as margens de lucro podem ser infinitamente maiores.

Aqui a estratégia[5] está aportada toda no marketing, porque para identificar nichos que adotem a inovação Radical e mercados onde a concorrência demore para copiar as ideias (oceanos azuis) é a especialidade de quem trabalha nesta função.

O gestor da inovação deverá tratar o marketing como um dos tripés fundamentais do seu projeto (os outros dois são, ele mesmo e a gestão que aplica no projeto e a base tecnológica que defina a inovação, considerando materiais, patentes, fórmulas, algoritmos, etc.).

- Estas inovações normalmente acontecem num prazo maior porque praticamente não existe aproveitamento de formatos anteriores. Os protótipos, pesquisas, testes e pilotos têm de ser realizados e não podem ser descartados. Tudo isso tem um tempo para ser executado e para gerar as análises de riscos para os passos seguintes.

Gosto da figura do **Coelho da Alice** no país das maravilhas para simbolizar esta função: Gestão do tempo.

A estratégia⁶ é esta, se o gestor da inovação não tem esta habilidade, ou não tem como cuidar desta característica, deve procurar um assistente especializado no cumprimento de todo o cronograma, ao mínimo detalhe.

• Da mesma forma que a Melhoria Contínua, a Inovação Radical dentro de uma empresa existente também pode criar efeitos colaterais que devem ser evitados. O principal, surge ao focar toda a empresa para fora, onde corre-se o risco dos processos e rotinas habituais tenderem a ficar de lado, prejudicando o andamento dos negócios.

Esta condição reforça a adoção da estratégia da empresa espelho e dos papeis bem distintos entre o gestor da inovação e da alta cúpula do negócio.

Atenção ao fluxo invertido entre as estratégias para Melhoria Contínua e Inovação Radical.

A melhoria contínua, por tratar com os processos estabelecidos, normalmente nasce no setor de pesquisa e desenvolvimento (P&D), passa pelas análises e expansão do mix, ou sofisticação da linha de produtos, serviços, ou sistemas, depois pela produção propriamente dita. No caso de serviços ainda é necessário o treinamento das pessoas e, no caso de sistemas, o treinamento é realizado pelo setor de TI/desenvolvimento.

Utiliza-se como base a mesma visão estratégica[7] adotada para o produto original, desembocando finalmente no mercado através do marketing.

A inovação Radical faz o caminho oposto, nasce de uma visão estratégica[8] da necessidade de um produto, serviço, ou sistema para o mercado. Este caminho normalmente começa no setor de marketing, que está acostumado a estudar e conviver com seu público consumidor, depois passa por uma análise profunda da sua viabilidade de produção ou de treinamento de novas habilidades, no caso de serviços, ou de desenvolvimento, no caso de sistemas e finalmente desemboca nas mãos dos projetistas (P&D), que ficam com o desafio de conceber a inovação que melhor atenda à estas expectativas.

A visão estratégica, neste caso, é de oferecer aos nichos aceleradores/oceanos azuis, novidades sem concorrência direta.

Nem sempre as coisas obedecem literalmente a este modelo de fluxos, mas conceitualmente é o que prepondera com as inovações que obtém sucesso ao serem lançadas.

Fluxos Inversos de acordo com o tipo de inovação

A **Disrupção** é o terceiro tipo de inovação. Visa atingir os chamados **"não clientes"**, que são também chamados de clientes **"aspiracionais"**.

Neste caso, ou eles não consomem determinado produto, serviço ou sistema por falta e intimidade com os mesmos - sentem-se incapazes de consumi-los - ou eles também podem não ter condições financeiras para adquiri-los. Pode ser ainda ambas as coisas acontecendo ao mesmo tempo. Em todas estas três variantes, eles têm vontade, aspiram a consumir o produto, serviço ou sistema, mas falta um empurrãozinho para que isso aconteça. Aí é que entra o papel da **inovação via disrupção**.

Sob o ponto de vista de quem quer aproveitar a oportunidade de ampliar a sua carteira de clientes, é significativamente importante assinalar que este público aspiracional faz parte de um **novo mercado** e que é preciso ensiná-los a usar seus produtos, serviços ou sistemas.

Se eles são possíveis clientes, mas que desejam a simplificação dos produtos ou se estão procurando por preços mais baixos, a estratégia[8] de segmentação será uma das chaves para o sucesso do produto disruptivo.

Deve-se observar as circunstâncias que inibem o consumo para descobrir onde inovar. Relembrando que a inovação via disrupção pode independer do perfil financeiro dos clientes. Às vezes eles têm dinheiro para comprar, mas não entendem o produto.

Observar a figura a seguir é a melhor maneira de entender o processo de disrupção. No eixo horizontal temos a linha do tempo e no eixo vertical a evolução tecnológica.

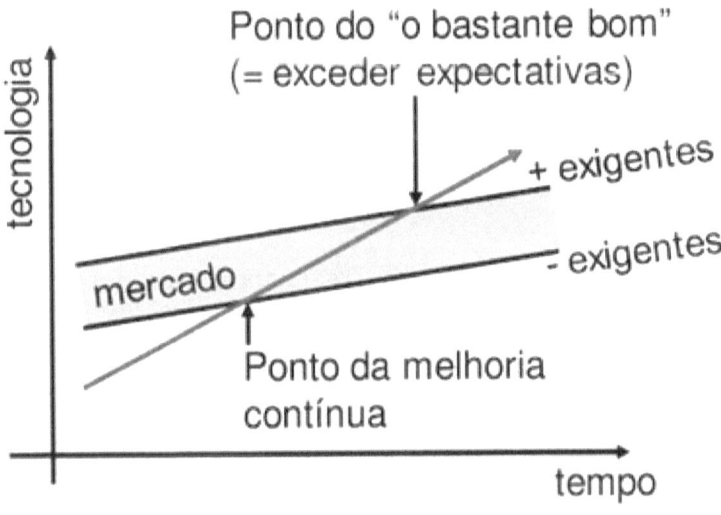

O momento da melhoria contínua

Devo aqui observar algo sobre o termo "inovação tecnológica". Existe literatura sobre inovação ou gestão da inovação que trata a inovação tecnológica exclusivamente como aquela que diz respeito à tecnologia científica aplicada, que gera os computadores, os celulares, as plataformas espaciais, os tecidos sintéticos, os remédios, etc. Entretanto, a tecnologia a que me refiro neste livro pretende ser entendida no seu sentido mais amplo, como a de toda evolução que acontece sob a intervenção humana.

Sob esta ótica ampliada, um novo tipo de serviço de consultoria, uma nova forma de cortar um cabelo, ou uma aula inovadora, devem ser consideradas inovações tecnológicas.

É impossível pensar em ser realmente inovador se nos limitamos principiando pela definição dos conceitos. Para inovar é preciso abrir e não fechar. Portanto, sem defender ou atacar a terminologia usada em outros conteúdos, proponho considerar aqui a inovação tecnológica sob este prisma.

Se por algum acaso o termo for muito inconveniente e causar um bloqueio no decorrer da leitura, basta ler o eixo vertical deste gráfico apenas como evolução, suprimindo o termo "tecnológica".

Na linha do tempo do gráfico, o mercado para determinados produtos, serviços, ou sistemas caminha dentro de uma faixa que vai dos clientes menos exigentes aos mais exigentes. A partir do momento que um produto, serviço, ou sistema, atinge os clientes ele passa a ser consumido e desde este momento de interação com o público ele merece um acompanhamento por parte do seu produtor, visando a melhoria contínua, que é uma das formas de inovação, como já vimos.

Logicamente que o produto, serviço, ou sistema, que não optar por evoluir neste sentido perderá a dinâmica do mercado e ficará obsoleto rapidamente.

Na faixa de mercado que o produto, serviço, ou sistema, abrange, tanto os clientes menos exigentes como os mais exigentes também evoluem com o passar do tempo, observa-se que, se as melhorias nos produtos, serviços, ou sistemas, ultrapassarem o ponto que é considerado "o bastante bom" até pelos clientes mais exigentes, o produto, serviço, ou sistema, passará a transmitir a imagem de supérfluo.

Obs.: como utilizo o termo "produtos, serviços, ou sistemas" durante este livro todo e você deve estar farto de ler tantas vezes isso, a partir de agora utilizarei apenas o termo "produto".

Voltando ao gráfico, se o produto sofreu demasiadas melhorias inovadoras e foi além das expectativas, o excesso de sofisticação pode passar a ser considerado complicado e toda a faixa de mercado que o produto atinge fica sujeita a um julgamento de valor mais crítico dos clientes, afinal, sempre se agrega algum custo ao preço final a cada melhoria implementada.

Corre-se também o risco de não agregar valor real ao produto, acontecendo o efeito contrário do desejado, passando a imagem de desperdício.

Este ponto indica que não há mais incrementos a fazer e a estratégia que pretendia causar diferencial via melhoria contínua não atinge seu objetivo.

Neste momento dá-se início a equalização deste produto em relação aos concorrentes, que é a tendência à comoditização, onde todas as marcas desse tipo de produto parecem iguais aos olhos do consumidor.

As vendas podem continuar, mas o público não se amplia. Este é o momento exato onde a oportunidade estratégica[9] de inovar via disrupção aparece.

Na figura a seguir, podemos observar que, quando as melhorias não impactam mais a favor do produto estabelecido, um novo produto, mais simples, mais barato, que irá atender aos clientes que buscam estas duas características (os chamados não clientes), pode surgir como uma nova opção.

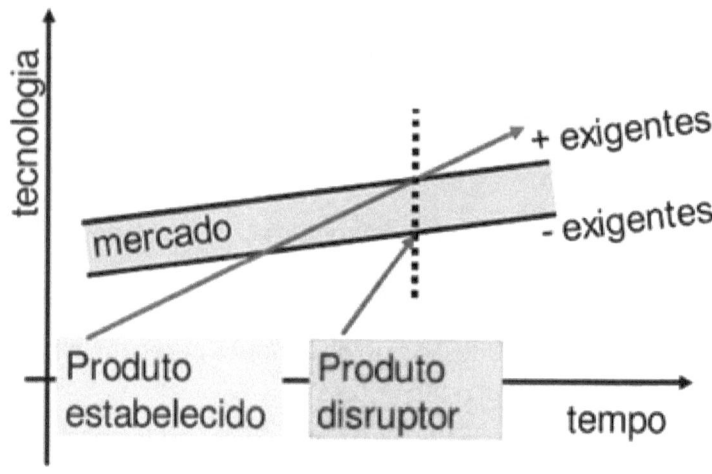

O momento da disrupção

A internet é um grande exemplo de inovação via disrupção porque simplifica muitos detalhes e formatos de processos, deixando empresas novas e com menos recursos com condições de participar do mercado. Eis alguns exemplos:

• Distribuição de dados pela rede;
• Mídia alternativa e complementar à tradicional;
• E-commerce (infraestrutura muito mais simples);
• Produtos digitais de armazenagem e tratamento de dados;
• Serviços intelectuais (difusão da cultura);

• Serviços financeiros (bancos virtuais);

• Entretenimento (filmes, música, textos);

• Educação (aulas, cursos);

• Telecomunicações (telefonia, correio);

• E mais muita coisa que deve vir por aí com Inteligência Artificial e Internet das Coisas.

Retomando a análise do momento onde acontece a disrupção, vimos que, se o desempenho de um produto ou serviço ainda não é "o bastante bom", ainda existe espaço para a melhoria contínua, portanto não é o caso da disrupção.

O termo que ficou historicamente conhecido como **dilema da inovação**, consiste na decisão entre continuar as melhorias incrementais ou partir diretamente para a disrupção. É uma decisão estratégica importante e que deve ser feita com base numa análise criteriosa e realista do negócio e do mercado.

Atenção! Há casos onde vale a pena manter as duas estratégias[10] simultaneamente incrementar por um lado e simplificar por outro, na tentativa de se antecipar a possíveis ataques da concorrência. Entretanto, esta é uma opção sofisticada e é preciso tomar o cuidado para não perder o posicionamento (imagem) perante o mercado (clientes habituais e clientes aspiracionais).

Nunca é bom dar uma de pato, que anda, voa e nada, mas perde nas três categorias para outros bichos.

Uma curiosidade:
Um produto disruptor sempre ameaça o produto líder e quando ele vira líder também fica ameaçado pela possibilidade de uma nova disrupção. Ou seja, este é um processo dinâmico, como tudo ao nosso redor.

Isso não deve desanimar ninguém, pelo contrário, enquanto há espaço para o disruptor ganhar mercado são gerados bons dividendos para o negócio.

Para praticar a disrupção é estratégico acompanhar toda esta movimentação ao detalhe, para evitar desperdício de investimentos de produção/ prestação de serviços/ desenvolvimentos ou de marketing, na promoção dos produtos.

Esta estratégia[11] deve ser pilotada a seis mãos: gestor da inovação, produção e marketing, que formam o tripé que dá sustentação à inovação.

Há milhares de casos de desvalorização da importância de gerir bem a disrupção, onde os resultados são catastróficos se forem auditados. Importante salientar que ainda existe excesso de liquidez no ecossistema da inovação, condição que camufla a realidade dos erros grosseiros cometidos. Entretanto isto está mudando rapidamente e esta depuração mostrará quem tem competência estratégica para continuar.

Ainda convivemos com muitos casos onde nem existe o tripé completo da inovação (gestão, tecnologia e marketing) e a empresa aposta na disrupção como uma oportunidade de curto prazo, mas isto é puro jogo especulativo e opõe-se diretamente às estratégias sustentáveis que defendo neste livro.

Para finalizar este capítulo, sugiro que cada um dos três tipos de Inovação e merece um alerta estratégico;

Melhoria contínua[12] - cuidado para não bater com a "cabeça no teto"!

Ao atingir a condição de mais do que o "bastante bom" para seu público, a melhoria contínua chega ao momento de ser abandonada. Não há mais como colaborar com esta escolha para ser competitivo e qualquer ação implicará num desperdício de energia, tempo e dinheiro.

Inovação Radical[13] - cuidado com a falta de lastro!

Grandes ideias podem ser desperdiçadas se não dosarmos o quanto iremos investir nelas nos momentos certos do processo da inovação.

Algumas ideias podem parecer grandes e quando são colocadas à prova mostram que foram frutos da empolgação dos envolvidos. O ânimo, uma boa e convincente oratória e a aventura do diferente são apenas alguns exemplos do quanto podemos nos envolver erroneamente e acabar com maus resultados.

Um bom lastro pode ser obtido com questionamentos, avaliações, testes, pesquisas, protótipos, etc.

Disrupção[14] - cuidado com a concorrência!

O processo disruptivo é uma ação inovadora que visa ampliar o público de um produto estabelecido. Se por acaso um concorrente se antecipar e lançar um produto disruptivo similar, o ineditismo ficará como vantagem competitiva do concorrente, desvalorizando com facilidade todo trabalho realizado com o produto inicial.

Como um produto disruptor tem como características principais a simplificação e o barateamento em relação a outro produto conhecido, ao perder a condição de novidade, não restam maiores vantagens a serem apresentadas ao mercado. Será somente o segundo lugar.

O resultado será a divisão das oportunidades de lucro em várias fatias de mercado entre os concorrentes disruptores e, como na disrupção os preços têm que ser baixos, a lucratividade tenderá a ser insignificante muito rapidamente.

O espaço de tempo de exclusividade para um produto disruptor é vital para seu sucesso.

Note que os três cuidados citados são propriamente ações de gestão da inovação que devem ser tomadas nos processos e a competitividade está relacionada diretamente a elas.

Pequenas observações como estas justificam plenamente a necessidade de capacitação em gestão da inovação como competência vital dentro de uma organização.

Casos de inovação e atitudes estratégicas

Existem três casos característicos de necessidade da inovação:

Para além dos tipos de inovação, é útil conhecer os casos onde estrategicamente se deve investir em inovações. Observo que, no caso de *start-ups,* o investimento em inovação é a causa da sua existência, portanto, as observações a seguir são didáticas e focadas em empresas já existentes e não novos negócios a partir do zero, o que de certa forma define uma *start-up*.

1º caso - Se o mercado mudou drasticamente talvez a empresa precise de uma reformulação geral. É hora de buscar as novas oportunidades

É o caso de uma INOVAÇÃO TOTAL dentro de casa!

Situações que se enquadram neste caso não possibilitam escolhas. Uma profissão que se extinguiu, um produto que ficou obsoleto ou uma empresa que deixou de ser competitiva, não têm alternativa, a não ser começar do zero.
O que pode e deve ser considerado é o aproveitamento de potencialidades remanescentes que se encaixam ao novo projeto (humanas, materiais e relacionais). Fora estas possibilidades, resta a identificação e eliminação de obsolescências que não têm a ver com o que se pretende fazer no novo projeto.

A inovação total no caso das empresas é um caso raro de ser encontrado, porque precisa de muito desapego do seu líder/gestor para efetivá-la, é o que chamamos de "virar a mesa", mas às vezes é o único caminho a seguir, porque o mundo não para.

Alguns fatores devem ser levados em consideração para que a inovação total aconteça:

- O tempo entre o término do projeto antigo e o início do novo não deve ser extenso. É necessário programar o final pontual de um projeto e o imediato início do outro, evitando sobreposição e ranços herdados, que podem interferir negativamente (vem daí a necessidade de eliminação das obsolescências);
- A exceção pode acontecer quando não está previsto o término de um projeto e os envolvidos são atingidos desprevenidamente. Neste caso, será melhor haver um tempo de preparo para o novo projeto, evitando o risco do improviso aliado a fatores emocionais impulsivos, que, somados, podem causar graves erros;

- Quando uma ideia de inovação radical surge e é motivo para a extinção de um projeto em andamento, pode acontecer que o projeto atual se torne desprezível e imediatamente obsoleto em relação ao impacto da novidade, favorecendo seu término prematuro;

Em todos os casos deve haver um planejamento estratégico[15] e um posicionamento detalhado do novo negócio, que deve ser adotado logo nos primeiros meses (os tempos devem ser discutidos para se chegar a um consenso, de acordo com cada caso).

Também é um ponto estratégico[16] observar que um novo projeto deve ser construído por todos envolvidos **sem dúvidas quanto aos seus objetivos**.

Perguntas estratégicas[17] para o caso de inovação total:

Até onde deve ir a mudança?
Resposta: deve ser totalmente aceitável por todos.

Que amplitude ela deve tomar?
Resposta: até 100%, se necessário.

O que, e quem ela deve envolver?

Resposta: deve envolver a estrutura aproveitável da empresa e todos *stakeholders*.

2º caso - Se os negócios coisas vão bem, o ato inovar está vinculado à ampliação para novos negócios.

É o caso de desenvolver uma EMPRESA ESPELHO

O que é uma empresa espelho? É um apêndice do próprio negócio, que adota a mesma configuração do negócio (estrutura sistêmica) e adapta alguns fatores, adequados ao processo inovador.

A empresa espelho irá tratar a inovação em paralelo ao andamento normal dos processos estabelecidos na empresa original.

Uma das coisas mais importantes neste caso é a opção de buscar especialistas relacionados ao novo projeto, que viabilizarão a ideia criativa, tornando-a uma inovação.

A empresa espelho tem vida própria, independe da parte da empresa já estabelecida, o que permite combater os vícios pelas rotinas que se formaram no decorrer do tempo.

A opção da empresa espelho é o caso mais comum e mais viável de fazer a gestão da inovação sem encontrar grandes problemas pela frente.

Resistência, vícios, julgamentos e medo do erro são só alguns dos problemas internos que podem serem vencidos.

Também, no ambiente externo, o mercado terá uma aceitação especial e menos crítica se as novidades surgirem através da empresa espelho, que gerará menos expectativas e exigências quanto às novidades.

Imagine a situação: uma empresa de automóveis de marca conceituada lança máquinas de lavar roupa por meio da sua estrutura original. Nesse caso o mercado pode ter dificuldades para assimilar o novo posicionamento. No entanto, se a empresa preparar o mercado para uma gama de produtos variada, essa resistência tenderá a zero.

No entanto, o grande ganho para a empresa adotar o modelo espelho, é interno, está mais ligado à gestão da inovação e consequente concretização do processo inovador do que aos fatores externos. Mas, por precaução, ambos os lados devem ser observados. O objetivo é a fluência total da inovação, da sua ideia raiz até o consumo do produto que será ofertado ao mercado.

Esta fluência reduz a linha do tempo, o que tem relação direta com a competitividade.

Perguntas estratégicas[18] para o caso da empresa espelho:

Até onde deve ir a mudança?
Resposta: deve ser mínima na empresa original e totalmente aceitável na empresa espelho.

Que amplitude ela deve tomar?

Resposta: 0% na empresa original e até 100% na empresa espelho.

O que e quem ela deve envolver?
Resposta: deve envolver os novos colaboradores na empresa espelho e alguns setores da empresa original que darão suporte à nova estrutura, mas que não fazem parte do eixo principal (core) dos processos. Departamentos acessórios como RH, jurídico, financeiro e manutenção podem ser aproveitados para evitar o excesso de custos na empresa espelho.

Logicamente que se deve fazer a distribuição dos centros de custos para que a realidade do investimento na inovação não seja maquiada, criando falsas ilusões financeiras.

3º - E se apenas o clima organizacional está precisando receber um banho de loja?

É o caso de implantar um CLIMA INOVADOR

Este caso é um trabalho para ser executado por um profissional especializado, que é um especialista em criatividade e inovação que conhece as dinâmicas, teorias e ferramentas para treinar as pessoas a aumentar em algum grau seu índice de criatividade e inovação.

Este profissional deve ser contratado para fomentar a geração de ideias e motivar a equipe para que ela não enferruje com o tempo.

É importante ressaltar que esta ação deve vir de um profissional de fora da empresa. Nesse caso vale o famoso ditado "santo de casa não faz milagre". Isso acontece porque quando se trata de assuntos comportamentais dificilmente alguém que faz parte da rotina das pessoas será ouvido sem críticas, ou com a credibilidade que um especialista normalmente carrega consigo.

O principal critério para a contratação deste especialista deve estar ligado ao conteúdo do programa que ele pretende implantar junto aos colaboradores.

Conteúdos simplesmente motivacionais não têm perenidade e desintegram-se rapidamente, deixando as pessoas com tendência a voltar às rotinas e níveis anteriores de desempenho criativo e inovador.

O conteúdo ideal trabalhará o comportamento das pessoas causando um reposicionamento delas perante a criatividade e inovação. É uma forma de aprendizado que se integra ao conhecimento já estabelecido e o potencializa. **É capacitação e não simplesmente motivação.**

O meu livro Criatividade (ver bibliografia), tem um conteúdo significativo sobre o aspecto comportamental. Durante três décadas realizei os workshops e cursos que geraram a maior parte do conteúdo do livro.

Modifiquei pessoas quanto ao seu potencial criativo por meio da mudança de comportamentos. Medi os níveis de desempenho dos participantes através de resultados imediatos durante nossas vivências e durante períodos longos de convivência após os workshops e cursos.

O comportamento das pessoas mudou definitivamente a favor de uma postura mais criativa, gerando resultados significativos em suas carreiras profissionais e também na sua vida pessoal.

Curiosamente, mas um tanto previsível, foi a observação de um efeito colateral: a leveza e alegria dessas pessoas, que também aumentaram com o passar do tempo.

Desde aquela época, até hoje, o conceito de comportamento criativo desenvolvido foi amplamente adotado em matérias de criatividade de muitas universidades e também disseminado por vários profissionais do setor.

[Perguntas estratégicas](#)[19] para o caso do clima inovador:

Até onde deve ir a mudança?
Resposta: deve ser impactante em cada colaborador, de acordo com sua capacidade de absorção dos conteúdos e mudança de comportamento. Isso irá variar com o perfil de cada um, pois as pessoas têm dinâmicas distintas.

Que amplitude ela deve tomar?

Resposta: Deve objetivar o maior grau de aumento da criatividade por parte de todos e que isso proporcione ações inovadoras na empresa.

O que e quem ela deve envolver?
Resposta: deve envolver TODOS, desde os proprietários, acionistas, conselho de administração, até as pessoas dos cargos mais simples, como um porteiro, ou um recepcionista.

Estratégias e Táticas

Em relatos de tentativas frustradas de inovar é comum ouvir o seguinte comentário: "Eu faço, faço, faço e os resultados são pequenos, porque isso acontece?".

A figura a seguir nos mostra claramente um processo que gera este tipo de relato de insucesso e qual seria o processo ideal.

Na parte superior vemos várias táticas sendo adotadas, sem o compromisso com o alinhamento a um "objetivo estratégico" definido.

Táticas são pequenos vetores que correspondem às ações de curto prazo que executamos com as ferramentas que temos à mão para atingir nossos objetivos imediatos: pagar contas, funcionários, pequenas aquisições, etc.

Se apenas agimos com o foco no momento, tendemos a aproveitar oportunidades sem observarmos nosso maior objetivo, que é sempre mais estratégico e que neste modelo tem a figura de um grande vetor imaginário. Mas, mas por que imaginário?

Porque as táticas estão no momento presente, são palpáveis e fáceis de executar e medir. A estratégia maior do negócio (no caso um projeto de inovação) depende de várias hipóteses sobre acontecimentos futuros, então, a estratégia acontece com a somatória vetorial das ações táticas que executamos, por isso as duas coisas estão interrelacionadas, táticas e estratégia. A tática deve se balizar na estratégia para colaborar para que esta se realize da melhor forma possível.

Observe na figura que, na linha do tempo, o vetor da ação tática TA somou diretamente para a estratégia, já o vetor da ação tática TB somou em menor grau porque ele se desvirtuou um pouco do vetor maior (estratégico). A seguir, o vetor da ação tática TC corrigiu o desvio do vetor TB, colaborando para o vetor maior (da estratégia). Na sequência, o vetor da ação tática TD não somou para o objetivo estratégico, subtraiu.

Se definimos com clareza um objetivo estratégico (vetor maior), escolhemos as ações táticas que colaboram para o rápido alcance dele e, ao realizá-las, progredimos em busca dos nossos objetivos.

Em se tratando de uma inovação, quanto mais acertamos os passos que damos no processo com nossas ações táticas, mais transformamos o objetivo estratégico em produtos inovadores, num tempo menor, gastando menos energias, e menos dinheiro. Isso é sustentável por definição, ou seja, ter uma macro estratégia é sinônimo de ser sustentável.

Se utilizarmos as táticas mais favoráveis curiosamente no decorrer de um projeto de inovação, a estratégia que fará a diferença, que acelerará todo o processo, surgirá como uma força emergente, ainda melhor que a estratégia idealizada, pois aglutinará todas as energias a favor dos objetivos e será atratora de novas oportunidades, conduzindo o projeto mais rapidamente ao sucesso.

E Isso não é nenhum tipo de misticismo, mas a formação dos ciclos de laços positivos que moldam um novo produto e que normalmente é sugado pelo nicho que estava à espera da inovação.

O termo "nichos aceleradores" neste caso pode ser trocado por "nichos aspiradores" da inovação.

É comum em marketing tratarmos o público destes nichos como "aspiracional", que almeja, que busca, que pretende, que deseja, que intui, que se inquieta sem saber definir ou verbalizar suas vontades.

Posicionamento Estratégico

O termo posicionamento a que se refere este capítulo nada tem a ver com o posicionamento utilizado no marketing digital, que está relacionado com a posição de um tema, marca ou empresa nas pesquisas pela internet.

O posicionamento original em marketing traduz-se de um modo simples na identidade desejada para algo, seja um produto, um serviço, uma empresa, uma inovação, uma pessoa pública, etc.

Aqui falaremos sobre as identidades da ideia, do projeto de inovação e da inovação, que é o resultado do projeto transformado em produto (relembrando: para este livro, quando falamos em produto, estamos nos referindo a produto ou serviço ou sistema).

E como se cria essa identidade?

Há um método simples, que é descrever a identidade desejada, que servirá como guia para a "construção da personalidade" (da ideia, projeto ou produto) que transmita a imagem que se pretende ter.

Ora, a imagem será positiva e atrairá investidores, *stakeholders* e clientes se ela for confiável, crível, pois aí está a primeira etapa do método para se chegar à descrição do posicionamento: **buscar credibilidade**.

Para isto faz-se uma lista de argumentos que denotem a credibilidade e, para que os argumentos convençam a maior parte das pessoas, eles devem ter um **equilíbrio entre a razão e a emoção**.

Então a lista deve contar o máximo possível de frases que apresentem a ideia, projeto ou produto com o equilíbrio entre estes argumentos, veja estes exemplos genéricos a seguir:

- Esta ideia foi embasada em teorias científicas a respeito de... e estas teorias têm grande repercussão e aceitação nos mercados...
  - ✓ Científicas, sofisticadas – racional
  - ✓ Repercussão, aceitação – emocional
- Este projeto será coordenado por um gestor da inovação conceituado pelo seu sucesso com inúmeras inovações... além disso o projeto terá várias fases com premiações pelo seu desempenho no cronograma pré-estabelecido...
  - ✓ Conceituado, sucesso – racional
  - ✓ Premiações – emocional
- O produto agora lançado passou por rigorosos testes de qualidade... foram feitas várias pesquisas qualitativas com grupos de diferentes perfis e todos adoraram a novidade...
  - ✓ Rigorosos testes – racional
  - ✓ Diferentes perfis adoraram – emocional

Quanto maior a lista de frases com credibilidade racional e emocional, melhor ficará a descrição do posicionamento e mais claro ficará o objetivo para a identidade desejada, mas só isto não basta, após escolher as melhores frases, deve-se **incluir nelas a marca ou nome e descrição com todos os diferenciais que tornam a ideia, projeto ou inovação atraentes, desejáveis.** Seguindo os exemplos genéricos apresentados:

- A ideia X refere-se à criação de um produto que realize a tarefa Y de forma mais rápida qualitativamente melhor do que os atuais produtos do mercado.

✓ Ideia com nome X

✓ Tarefa Y e seus diferenciais: rapidez e qualidade superiores

- O projeto X será executado rigorosamente dentro do seu cronograma e terá sua divulgação feita por especialistas em marketing de inovações para atrair o máximo de *stakeholders*, especialmente os da área de investimentos

✓ Projeto de nome X

✓ Diferenciais de marketing para atrair capital

- O novo produto X tem itens acoplados que nenhum outro existente tem, além disso os serviços pós-venda incluem garantia vitalícia e mentoria para sua melhor utilização.

✓ Marca X

✓ Acessórios e apoio ao cliente acima da média

O objetivo desta fase da preparação da descrição do posicionamento é destacar-se das coisas similares, ou simplesmente parecidas, evitando comparações indevidas, que depreciem o objetivo de imagem desejado.

Para que a descrição do posicionamento fique perfeita, ela deve conter também **as promessas possíveis de se fazer** de acordo com sua credibilidade comprovada anteriormente, somadas à presença da marca (ou nome) e descrição de diferenciais.

Desta forma podemos finalizar os exemplos genéricos apresentados anteriormente da seguinte forma:

- A ideia X refere-se à criação de um produto que realize a tarefa Y de forma mais rápida qualitativamente melhor do que os atuais produtos do mercado. A ideia X foi embasada em teorias científicas de última geração a respeito de... e estas teorias têm grande repercussão e aceitação nos mercados... desta forma podemos prever que teremos grande sucesso no seu desenvolvimento até que se torne um produto inovador. Estamos empenhados em transformar a ideia X numa novidade que atraia públicos não só do nosso país, mas de todo continente e para isso desenvolveremos desde agora parcerias competentes e confiáveis em países próximos e com perfis parecidos para este tipo de novidade. Vamos patentear a ideia X para proteger-nos de cópias ilegais e seremos velozes na execução do seu projeto de inovação, para termos grandes vantagens sobre os futuros concorrentes.

- O projeto X será executado rigorosamente dentro do seu cronograma e terá sua divulgação feita por especialistas em marketing de inovações para atrair o máximo de *stakeholders*, especialmente os da área de investimentos. O projeto X será coordenado por um gestor da inovação conceituado pelo seu sucesso com outras inovações... além disso o projeto terá várias fases com premiações pelo seu desempenho no cronograma pré-estabelecido... Considerando nossa experiência com este tipo de projetos podemos considerar que teremos baixo nível de riscos e alto grau de aproveitamento de oportunidades, o que alavancará a inovação final desde sua concepção, gerando a repercussão desejada para garantir o anseio do produto final pelo seu público-alvo.

- O novo produto X agora lançado passou por rigorosos testes de qualidade... foram feitas pesquisas qualitativas com grupos de diferentes perfis e todos adoraram a novidade ... O produto X tem itens acoplados que nenhum outro existente tem, além disso os serviços pós-venda incluem garantia vitalícia e mentoria para sua melhor utilização. Podemos garantir que não há nada similar à disposição do consumidor e que seu poder de atratividade é muito alto e que os investimentos em marketing para divulgá-lo poderão ser menores, ou diluídos com o tempo, gerando maior penetração em vários mercados. Os consumidores do produto X terão grande prazer em mostrá-lo a outras pessoas, o que funcionará como uma ferramenta de publicidade espontânea, garantindo sua reputação e multiplicando suas vendas.

Observe que para a ideia e o projeto foram colocados os textos da marca e após os textos da credibilidade racional e emocional, e no caso do produto, primeiro coloquei o texto da credibilidade e depois o da marca. Isso quer dizer que não há regra sobre a ordem na descrição do posicionamento, o que importa é que o texto fique claro e seja eficaz.

É comum contratar um redator para pegar toda informação e finalizar a descrição do posicionamento. Isso é válido, porque uma boa identidade garante grande parte do sucesso. Não é preciso defender isso aqui, visto que o mundo tem muita gente que cria uma identidade (imagem) espetacular e ganha com isso, mesmo que se colocada à prova não corresponda à realidade.

Atenção! Nunca defendi isso, seria contraproducente com minha história profissional, mas é prova suficiente que **um posicionamento bem feito dá resultado**, portanto, considere descrevê-lo como muito estratégico[20] na hora de inovar.

Bloqueios à Inovação e estratégias para superá-los

No meu livro "Criatividade" discorro sobre os bloqueios profissionais que atrapalham o comportamento criativo e consequentemente a geração de ideias.

Podemos relacionar igualmente estes mesmos bloqueios ao universo de um projeto de inovação, afinal, as ideias fazem parte deste contexto, tanto na conceção de um produto, como no decorrer do seu desenvolvimento, até que vire uma inovação.

São eles:

Falta de confiança

Atitude quase em extinção, a confiança é básica para o andamento de um projeto de inovação.

É fácil notar como a falta de confiança gera a burocracia. Quando alguém quer tratar algo sigiloso logo apela para documentos, assinaturas etc., mas num projeto de inovação quase tudo é sigiloso!

Para que uma ideia seja transformada e considerada uma inovação, é natural que ela tenha que se desenvolver rapidamente, caso contrário a chance de aparecer algo parecido ou até igual é enorme.

Se não confiamos nas pessoas e criamos burocracias, o tempo entre ter a ideia e viabilizá-la irá aumentar consideravelmente, colocando em risco o que foi idealizado, desperdiçando tempo, energias e dinheiro.

Todos sabemos que confiar depende mais da nossa sensibilidade e histórico com as pessoas que qualquer documento.

É claro que um gestor da inovação sempre corre riscos, portanto ele deve dedicar-se a treinar o uso da confiança, bem como dedicar-se a arriscar baseado na confiança dos outros.

Delegar funções é confiar na capacidade que outra pessoa tem em executar uma tarefa. Quando entramos num avião, delegamos a função de pilotar ao piloto; num restaurante, delegamos a função de cozinhar ao *chef*. Portanto, se percebermos que delegamos muito mais do que imaginávamos, porque não confiar em outras pessoas para que participem no seu projeto?

Normalmente é o apego que acaba inibindo que deleguemos funções e, treinar esse desapego, não é fácil, mas é inevitável para o sucesso de um projeto de inovação.

Um bom começo é, ao convocar outra pessoa para seu projeto, verbalizar que conta com o sigilo dela. Isso vale mais que qualquer documento.

Outra atitude positiva é mostrar a perspectiva que tem para o desenvolvimento da inovação e onde e como a outra pessoa ganha com isso. Esse "ganhar" pode ter várias formas, isoladas ou conjuntas: dinheiro, fama, notoriedade, promoção, satisfação, realização etc.

Quando o processo é inverso, não temos que delegar, mas sim deixar que nos deleguem algo para que inovemos. Uma boa tática é tentar um acumpliciamento com a outra pessoa (normalmente um superior, ou investidor), mas o que é isso?

Acumpliciamento é explicar o que se deseja fazer na tarefa e obter consentimento. Desse modo, se as coisas não derem certo, você não será acusado de errar por conta própria.

Dica estratégica[21]: Confiar e ganhar confiança de forma declarada, explícita, em cada fase do projeto. Isso reforça a atitude de todos positivamente. É claro que a quebra da confiança por algum motivo irrefutável exige a troca imediata da pessoa não confiável, pois o nível de risco assumido é imenso. Mas atenção: erros não devem ser considerados como quebra de confiança, a menos que se provem intencionais.

Errar faz parte das rotinas num projeto de inovação. O que se deve é aprender com o erro para evoluir (lembre-se do que falei anteriormente sobre táticas e estratégias).

Excesso de normas
Quando uma empresa (ou outra entidade qualquer) cresce, tem que adotar algumas regras para processos e comportamentos.

Isso forma o conjunto de normas que regula todos os colaboradores e até alguns *stakeholders,* ou fornecedores, por exemplo.

Mesmo que seja adotada a estratégia[22] de empresa espelho para o projeto de inovação, corre-se o risco de que haja uma influência normativa da empresa original, "contaminando" a fluência necessária para que as coisas aconteçam.

Deixar que a norma vire uma obsessão ou mania pode criar um estilo de trabalhar muito burocrático, e isso vai na contramão da viabilização dos projetos de inovação, porque a burocracia diminui a velocidade, que é fundamental no processo.

Outra coisa terrível que acontece quando temos muitas regras é que as pessoas que não querem colaborar acabam se "escondendo" atrás das regras, porque todo projeto de inovação envolve novos procedimentos e eles não costumam estar previstos.

É comum ver colaboradores verbalizando: "isso não faz parte da descrição das minhas funções", ou "sem tudo por escrito não faço nada".

Não podemos deixar que nos falte bom-senso engessando o projeto, tornando-o um escravo de manuais e códigos.

O essencial é um bom termo quando pensamos em criar regras. O resto deve ser um apelo direto ao bom-senso de todos.

As funções repetitivas de produção ou prestação de serviços (aquelas que um dia um robô poderá executar num futuro próximo) são as que têm mais a ver com regras. Não é o caso de um projeto de inovação, que deve ser regido pelos objetivos.

Se estamos falando de uma empresa que já tem suas regras estabelecidas e elas são excessivas é uma boa estratégia[23] negociar a flexibilização dessas regras antes de colocar a "mão na massa". Não é um trabalho gostoso de se fazer, mas é essencial para que as coisas deem certo.

Após a revisão e a aceitação das mudanças como exceções, elas devem ser comunicadas a todos, para que ninguém "corra para trás das normas".

Um ponto de vista importante da atualidade é a localização geográfica e a cultura dos possíveis colaboradores em outros países. Se estamos fazendo essas conexões, seja formalmente, numa empresa, ou através de uma rede colaborativa, precisamos avaliar o que trocamos de ideias e informações com base nos dois lados. Desde o fuso horário (normas naturais) para conversas ao vivo, até comportamentos religiosos (normas culturais) e políticos (normas legais) podem ser limitadores do bom fluxo de trabalho.

São os detalhes que são tão importantes quando falamos em gestão da inovação, mas às vezes, por preguiça ou excesso de rotinas, acabamos por deixá-los de lado e, na maior parte dos casos, é a falta de cuidado com os detalhes que coloca a perder um bom projeto.

O tradicionalismo também é um famoso gerador de regras em excesso. Portanto, avaliar os manuais de procedimentos, ou mesmo procedimentos tradicionais informais e adequá-los ao projeto, ajudará para que todos sintam-se à vontade para contribuir.

Dica estratégica[24]: lembre-se sempre do item tratado anteriormente, a confiança, isso pode ser uma grande ferramenta a favor do enxugamento das normas.

Objetividade racional

Fruto da nossa formação linear, o comportamento que nos conduz a resolver as coisas rapidamente quando já percebemos qual é o caminho óbvio a seguir tende a eliminar o espaço das novas formas de se resolver as coisas, limitando nossas respostas ao que é previsível, às atitudes que ficam na média em relação às outras pessoas, empresas e entidades.

Esse excesso de objetividade surge do nosso ímpeto em sermos competitivos, em tentarmos ser os primeiros, ou simplesmente da nossa vontade de tirar da frente mais uma tarefa.

Mas se a ideia é inovar, precisamos abrir o universo de possibilidades ao máximo, e para isso precisamos de mais tempo para refletir, idealizar, testar, melhorar e aprovar.

Ao darmos uma resposta rápida e racional, não nos diferenciamos, apenas repetimos o que muita gente faz, somos apenas "mais um". Por outro lado, se demoramos demais ou não dermos resposta, podemos ser tratados como incompetentes, ou não competitivos.

A solução estratégica[25] para isso é relativamente simples; basta escolher a resposta racional e deixá-la "guardada". Então, dedicar o tempo restante à procura de algo mais interessante, acima da média.

Se chegar o limite do tempo para dar a resposta e não tiver uma novidade diferente e melhor, apresente a óbvia, se tiver, irá se diferenciar e aumentar seu índice de relevância.

Mantenha a objetividade no projeto de inovação, mas invista sempre para que todos os envolvidos possam ir além do óbvio.

Isolamento

Quanto mais nos especializamos no que fazemos, menos gente temos ao nosso redor para compartilharmos nossas ideias, seja com simples conversas, seja em projetos conjuntos.

Isso não é bom. Apesar de ser um fato corriqueiro e histórico com especialistas, devemos também buscar referências fora da nossa área de atuação para diminuir nossas margens de erro e, melhor, inovar.

O excesso de confiança em si mesmo pode gerar a distorção da realidade, porque normalmente ficamos empolgados com nossas ideias.

Se você não tem alguém com a mesma especialidade que a sua no projeto de inovação, terá que procurar opções para suprir essa falta, mas antes disso terá que ultrapassar um bloqueio difícil: o seu próprio ego.

Quanto mais conhecemos um assunto ou técnica, mais nos orgulhamos do que sabemos, e é justo, porque isso dá trabalho, ocupa nosso precioso tempo e gasta nossas energias.

Esse orgulho pode ser influenciador do egoísmo quanto às nossas ideias e processos criativos. Nessa hora, a lógica racional deve preponderar; devemos nos conscientizar de que não é por essa via que vamos ter horizontes grandes para especular, muito menos teremos a colaboração de outras pessoas.

Se você já tem tudo pronto, da ideia à gestão da inovação, se sentirá mais seguro para fazer as coisas por si só, mas mesmo nesses casos é bom parar, esfriar os ânimos e ponderar se não está obcecado pela própria perspectiva de sucesso.

Se pretende ter soluções para os obstáculos que surgirem no projeto de inovação, será útil fazer conexões, porque o pensamento complexo flui melhor em rede do que isoladamente. Isso é pura matemática, a soma de mentes, neurônios e sinapses.

A sugestão estratégica[26] é ter contato com especialistas de outros segmentos, que estarão no mesmo nível intelectual que o seu e terão referências diferentes da sua.

É uma somatória de egos, puro exercício de reconhecimento e aceitação das dinâmicas de cada um.

Faça um garimpo constante para conhecer gente nova e interessante em termos profissionais, estimule os contatos e os relacionamentos como um investimento para o sucesso do seu projeto.

Se algum colaborador no projeto tiver este tipo de comportamento isolacionista, converse com ele com os argumentos que expus aqui, e ele deverá saber o que se espera dele.

Falta de foco
Num mundo lotado de informações e conexões, perdemos o foco com muita facilidade, porque, além das nossas obrigações pessoais e profissionais, a possibilidade de ampliar nossos interesses é enorme e está à disposição, sobretudo virtualmente.

Não há mal nenhum em ampliar nossos interesses, mas o que não pode haver é a confusão entre aquilo que realmente nos interessa e o lixo informacional. Ou seja, temos que constantemente "limpar" a lente da nossa visão sobre as coisas para deixar apenas o que nos agrega valor. Desenvolver nossos filtros é fundamental para evitar que o lixo acumule na nossa frente, tirando-nos a visão de futuro e criando um *looping* de inutilidades e futilidades.

Aliás, além do lixo informacional que recebemos, também corremos o risco de cair no hábito de gerarmos esse lixo, ao multiplicarmos informações, partilhando-as com os outros por puro impulso, sem refletir sobre o tema.

Então devemos procurar a diversidade de informações, mas temos a obrigação conosco mesmos de fazer escolhas, bem como, não contribuir para que as coisas inúteis se proliferem "viralmente".

Lógico que isso depende do interesse de cada um. O que é lixo para você pode ser útil para outra pessoa, mas a lição a aprender é que quem faz o seu foco deve ser você mesmo.

Para enxergar mais longe temos de focar primeiro o que está relacionado ao projeto de inovação que participamos, ou gerimos, seja através de associações diretas ou até tríplices, desde que se pondere e identifique a utilidade da nova informação para o projeto.

Uma boa dica estratégica[27] é abrir algum horário do dia para o desenvolvimento das ideias e soluções para o projeto com todos os envolvidos.

Cada projeto tem suas necessidades e deve ser formatado pelo gestor da inovação. O método de gestões de projetos da área informática conhecido como SCRUM, por exemplo, sugere reuniões diárias de 15 minutos no início do dia.

Falta de Empatia
Empatia, no sentido mais amplo, é a condição de nos colocarmos no lugar das outras pessoas ou até de outras situações que envolvem mais de uma pessoa, e percebermos o que os outros sentem, sem misturar com o nosso ponto de vista.

É como se fantasiosamente nos deslocássemos do nosso ser e olhássemos e sentíssemos o mundo com os olhos dos outros.

Há muito misticismo em torno disso, mas considere isso irrelevante, pois nunca teremos 100% de assertividade nessa experiência.

A sua utilidade é, em algum grau, perceber que existem pontos de vista diferentes e que podem ou não ser interessantes e úteis.

Se quero discordar de alguém, serei mais eficaz percebendo como esse alguém pensa e sente sobre o tema em questão, se quero concordar, também.

A empatia também pode ajudar não só com essa intenção, mas nosso objetivo pode ser agradar, surpreender, detectar desejos, rejeições, aspirações e uma infinidade de outras sensações.

Por isso a empatia é tão importante para a gestão de equipes, sem ela tendemos a agir somente a partir do nosso ponto de vista e a chance de algo não dar certo é estatisticamente maior, a menos que todas as pessoas envolvidas no projeto de inovação sejam pessoas muito parecidas, o que é muito pouco provável e até indesejável, porque será sempre limitador de soluções criativas e inovadoras.

Por exemplo, num *brainstorming*, a falta de empatia criará barreiras entre você e os outros participantes, reduzindo a colaboração e a alavancagem das ideias, tão útil para gerir projetos de inovação.

Se temos dificuldade de perceber o que os outros veem ou sentem, devemos perguntar diretamente ou criar situações onde haja a manifestação espontânea a respeito do que nos interessa. Isso nos dá parâmetros fundamentais para que a gestão da inovação transforme ideias em inovações relevantes.

Dica de atitude estratégica[28]: uma boa maneira de começar a treinar a empatia é observar as situações dos colaboradores do projeto de inovação, imaginar o que eles estão sentindo e depois conferir se estava certo ou errado em sua visão, perguntando-lhes.

Aos poucos perceberá que não é tão difícil (muito menos místico) melhorar o seu nível de empatia e estimular o mesmo com sua equipe e *stakeholders*.

Tempo (a quarta dimensão)
Quase todo projeto de inovação está envolvido numa dinâmica veloz, porque tem bases tecnológicas que andam a passos largos.

E tecnologia, nesse sentido, não se refere somente a coisas eletrônicas, computacionais, ou científicas, tecnologia é tudo que envolve algum tipo de técnica, pode ser um plantio de sementes, pode ser um corte de cabelo, pode ser a forma de fazer um pudim.

Dica de atitude estratégica[29]: lembre-se de estudar o ritmo em que andam as evoluções tecnológicas relacionadas ao seu projeto e lembre-se de enquadrá-las o melhor possível à sua inovação.

Importante! Como a gestão de inovação se ancora no tripé Tecnologia/Gestão/Marketing, observe também o ritmo com que evoluem as ferramentas de gestão e marketing que podem ser adotadas no projeto, para que colaborem com a inovação a ser lançada.

Falta de Dinheiro
Se estamos tratando dos bloqueios internos, nada pode ser mais significativo do que a falta de recursos financeiros; é indiscutível o quanto a sua falta inibe a transformação de ideias criativas em inovações.

Eu ganharia um prêmio Nobel qualquer se indicasse aqui, em poucas linhas, como resolver esse problema de escassez financeira, coisa tão comum atualmente.

Por outro lado, também é comum, como efeito da concentração de riqueza global atual, que haja investidores dispostos a arriscar e apostar em novas ideias.

Para uma *start-up* é bom se aconselhar com algum *expert* em finanças para tomar essas decisões, mas também é aconselhável utilizar ferramentas de marketing para chamar a atenção de investidores.

No caso de uma empresa estabelecida, o gestor da inovação deve respeitar a opinião de pessoas especializadas em finanças, mas não deve considerar apenas estas opiniões, porque a obrigação destes profissionais é sempre arriscar o mínimo de capital e obter o máximo de retorno.

Neste caso, a opinião de prováveis consumidores da sua inovação tem um peso fundamental e este tipo de informação deverá vir do marketing, equilibrando a balança para o gestor da inovação fazer suas escolhas.

Portanto considere que são estratégicas[30] a captação de recursos e seu uso num projeto de inovação e que ambas as coisas, captação e uso, dependem da observação cuidadosa dos papeis da gestão financeira e do marketing como facilitadores dos processos.

Soluções de problemas – criatividade contra obstáculos

Há um termo que está presente em todos os projetos de inovação: problemas. A gestão da inovação não vive num mundo cor-de-rosa, por mais que se tenha recursos, os problemas irão aparecer, sejam técnicos, humanos ou puros acasos que criam obstáculos ao bom andamento do cronograma desejado.

É um tanto óbvio que problemas com soluções de fácil acesso não são importantes, não criam gargalos significativos e podem até ter uma previsibilidade com estudos dos riscos associados ao projeto. Pode-se até admitir um coeficiente de segurança para que o cronograma previsto seja muito preciso.

Mas problemas sérios, onde a lógica não nos aponta soluções, necessitam de processos criativos para serem resolvidos. Esses processos podem advir de ideias diretas dos *stakeholders*, ou mesmo exigir algum tipo de método, como *brainstormings* ou todas as suas variantes autorais, que funcionam como ferramentas.

O importante é que a equipe do projeto tenha conhecimento e pratique o comportamento criativo, de preferência já adentrem ao projeto com esta prática, porque aprendê-la em cima da hora tornará as coisas lentas, as soluções inalcançáveis e abrirá a porta para o "achismo" dentro e fora do projeto, o que pode arruiná-lo completamente.

O meu livro *Criatividade – O comportamento inovador dentro da sua zona de conforto*, potencializa as pessoas a criarem como uma atitude corriqueira.

Ao praticar o comportamento criativo, ele passa a fazer parte da nossa rotina, misturando-se ao tratamento racional/lógico dos trabalhos que realizamos.

Esse pré-requisito comportamental cria uma fluência criativa tal, que os problemas importantes são imediatamente tratados como algo "normal, previsível, ultrapassável", na sua totalidade ou em grau suficiente para que não haja perdas significativas de recursos, inclusive do tempo.

A estratégia[31] aqui começa na seleção da equipe do projeto. Todos devem estar familiarizados com a busca de soluções criativas, então, faz-se necessária a avaliação prévia do histórico de cada um neste sentido.

Podemos trabalhar com exceções, claro, desde que saibamos que não poderemos contar com esse ou aquele colaborador na hora H.

Ainda, pensando na estratégia[32] para soluções de problemas, vale pensar em ter como carta na manga um especialista que ajude nesta hora. Ele pode ser um maestro que coordene a equipe, sem carregar consigo os desgastes que surgem entre todos por conta das rotinas, mas é importante certificar-se que o compromisso assumido por este especialista esteja com o objetivo bem claro, como prazo definido e com alguma recompensa associada ao nível de resposta, ou penalização no caso de insucesso.

Por fim, também será estratégico[33] ter o envolvimento dos *stakeholders* no projeto principalmente os investidores. Nada deve ficar oculto, dar "a cara a tapa", sem supervalorizar ou subvalorizar os problemas é uma habilidade que todo gestor da inovação de ter.

Projetos que incitam a que se agrade fulano, ou sicrano, porque são pessoas importantes ou influentes, costumam falhar, custar mais caro, ou perdem o momento certo para lançar a inovação. Parece bobagem, mas existem muito mais projetos que morrem assim do que projetos que têm êxito.

Obstáculos exigem criatividade, encare isto como uma forma de inovar durante concepção de uma inovação.

Escolhas estratégicas para cada projeto

Projetos de inovação, por definição, nunca se repetem, se isso acontecer, logicamente não se tratará de uma inovação, mas podemos categorizá-los para perceber algumas peculiaridades estratégicas. Sem querer esgotar as possibilidades, relaciono algumas categorias e algumas estratégias básicas a seguir para cada caso:

- Componentes inovadores
- Produtos inovadores

- Serviços Inovadores
- Produtos e serviços inovadores
- Sistemas inovadores privados
- Sistemas inovadores públicos
- Sistemas inovadores do terceiro setor

Componentes Inovadores

A categoria que chama menos a atenção quando se fala em inovação é a dos componentes de produtos, porque estes costumam ficar invisíveis aos olhos de quem adquire o produto final, com o tal componente inovador fazendo o papel de subconjunto do produto.

Este caso costuma estar muito associado à inovação incremental (melhoria contínua), mas pode acontecer também para os tipos de inovação radical ou disruptiva.

Se observarmos os três principais pilares dos projetos de inovação – técnico (tecnologia), administrativo (gestão) e marketing, podemos perceber que para um componente novo só será desejado se agregar valor ao produto final. Para isso, a atuação do marketing é fundamental. Percebemos isso quando deparamos com um produto que passou pela melhoria contínua e ressalta o tal componente que "faz a diferença". Eis alguns exemplos genéricos como referências:

- Novo computador X agora usa o chip Y, muito mais rápido!
- Sabonete W com nano máquinas hidratantes, o ultimato em tecnologia para sua pele!
- O trator K agora tem condução autônoma criada pela Z!

A <u>estratégia</u>[34] neste caso está muito focada no marketing, que deve auxiliar na divulgação da nova tecnologia, que foi desenvolvida pelo P&D da empresa ou por algum cientista ou inventor. Nesse caso, o gestor da inovação colocará foco nos dois outros dois pilares, gestão e marketing, para viabilizar a novidade.

É claro que o gestor da inovação poderá interagir com o pilar da tecnologia (P&D, cientista ou inventor), para dar *feedbacks*, solicitar informações ou até reivindicar alterações que o mercado sugere, fato que, apesar de ser menos frequente num projeto de inovação deste tipo, exige habilidades de relações humanas do gestor da inovação, porque lidar com as pessoas do pilar técnico pode não ser fácil. Isso sugere também um olhar estratégico para este tipo de exceções.

Produtos inovadores

Este é o caso mais genérico em projetos de inovação, onde se encontram mais conteúdos publicados com sugestões para o gestor da inovação e engloba os três tipos de inovação.

Neste caso, os três pilares ganham a mesma importância e complexidade e, por este motivo, o gestor da inovação deverá estar muito atento às relações entre as pessoas da equipe, sendo a principal estratégia[35] ter atenção às relações humanas.

O gestor da inovação deverá conduzir o projeto ciente das habilidades e perfis comportamentais de cada um, sem exceções. Aconselho que antecipadamente o gestor da inovação conheça os conceitos de dinâmicas humanas.

Recomendo o livro *Human Dynamics*, de Sandra Seagel

Nesta altura você, leitor, já deve ter notado que há sobreposição das estratégias e não há como ser diferente, pois a gestão da inovação é um trabalho para o exercício do pensamento em rede, complexo, e não apenas linear.

Também por este motivo é estratégico[36] que o gestor da inovação treine a observação da complexidade e as formas com que deve assumi-la no projeto de inovação. O ensino formal é completamente insuficiente para isto, visto que ainda tem fortes bases didáticas simples e lineares.

Serviços Inovadores

A gestão da inovação em serviços ainda é um bebê. Não digo isto por que não há inovação nos serviços, há sim, e muita, grande parte do PIB mundial é referente a este setor, mas a forma com que são conduzidos os projetos ainda é pouco estruturada. Alguns focam na usabilidade (UX), outros no pós-venda, outros, apenas na disrupção, buscando aumentar mercados simplificando e/ou barateando-os.

Entretanto, isso está mudando rapidamente, uma vez que o impacto na qualidade de vida das pessoas aumenta significativamente quando um serviço inovador é lançado no mercado. *Uber*, *Airbnb*, empresas *lowcost* de aviação, *fintechs*, seguros, e outros tantos exemplos surgem todos os dias.

É fato que a migração dos serviços para o digital colabora muito para que se inove, mas mesmo serviços executados presencialmente têm se tornado melhores.
Estes dias meu mecânico fez uma chamada de vídeo mostrando o problema que estava resolvendo no meu carro, o que transmitiu mais confiança no serviço prestado.

O gestor de projetos de inovação em serviços deve adotar a estratégia[37] de valorização do pilar de gestão para desburocratizar, valorizar, simplificar e flexibilizar os serviços que pretende lançar.

Os outros dois pilares, técnico e marketing têm significativa importância na capacitação dos prestadores de serviços e na descoberta dos desejos do consumidor. Ambos realçam a importância didática do tratamento de conteúdos e informações, sendo essa a segunda estratégia[38] a ter atenção.

Ainda pensando estrategicamente[39] o gestor da inovação deve buscar coerência no que agregará ao serviço prestado. Por exemplo, bancos vendendo objetos, ou farmácias vendendo sorvetes são o tipo de inovação que cria uma dissonância perante o consumidor. Deve-se a atitude de "pato", que anda, voa e nada, mas não faz nada bem feito perante os especialistas (gato, águia e golfinho, por exemplo).
O "faz de tudo" estará sempre desperdiçando energias com coisas que não agregam valor com o tempo.

Com o avanço da inteligência artificial teremos mais filtros e menos interesse em ofertas genéricas, dissociadas do interesse do consumidor no momento da aquisição do serviço desejado.

Foco em melhorar, seja incrementando um serviço, simplificando ou barateando, ou lançando algo inédito (ou seja, valido para os três tipos de inovação) é o que resume esta estratégia.

Produtos e serviços inovadores

Além de pensar isoladamente nas estratégias principais para a gestão da inovação em projetos de produtos ou serviços, há casos onde a inovação é composta das duas coisas.

No caso do carro autônomo, por exemplo, você comprará um meio de transporte que te prestará um serviço (levá-lo onde deseja), que terá um software que será automaticamente atualizado e provavelmente ofertará serviços extras com o passar do tempo.

Se pensar na internet das coisas (IoT), o carro programará a própria manutenção, talvez ele te alugue um carro extra antecipadamente, por exemplo. Enfim, dá para imaginar até cansar.

O que pode ser estratégico para que o gestor da inovação, ao desenvolver este "produto + serviço"? A gestão de um projeto sem previsão de que acabe, a gestão do tempo e todas as oportunidades que ele traz, o conhecimento de tendências tecnológicas e sociais, um intrincado sistema de contratações de pessoas para a equipe e a gestão das recompensas de todos.

Talvez seja um trabalho para uma equipe de gestores da inovação no futuro, mas para já é importante que se tenha esta visão do todo. Um bom gestor da inovação deve, desde já, envolver-se com a possibilidade de estudar, praticar, interagir, afinal, a estratégia[40], neste caso, é montar um grande quebra-cabeça sem aspecto final definido dinâmico, fluido.

Ainda vemos serviços como coadjuvantes de produtos inovadores, mas isto tende a mudar, ainda bem para nós consumidores. Ao mesmo tempo é uma grande oportunidade para profissionais da inovação irem ainda mais longe. Quem sair na frente vencerá!

Sistemas inovadores privados

Sob a ótica deste livro, um sistema, ou processo, é o conjunto de uma série de procedimentos humanos, autômatos, ou digitais, que definem uma tarefa a ser cumprida. Sistemas informáticos prontos, comercializados no mercado, neste caso, são considerados produtos e devem seguir o olhar estratégico do item anteriormente nomeado "produtos inovadores".

Por exemplo, a fabricação de um produto industrial, softwares de todo o tipo, atividades especializadas realizadas por equipes, como exames laboratoriais, obedecem a sistemas pré-concebidos.

Se estes sistemas funcionam na esfera privada da sociedade, normalmente visam lucro e torná-los mais eficazes e eficientes exige inovação.

Neste caso, o gestor da inovação coordenará uma equipe que terá o objetivo de criar melhores formas de se realizar tarefas. Isso pode acontecer por meio da utilização de novos equipamentos, fórmulas ou subsistemas e para cada tipo de inovação existirá uma linha estratégica prioritária evidente, vejamos:

Melhoria contínua, ou inovação incremental – a estratégia[41] será a busca da sofisticação de um sistema ao ponto de gerar mais valor agregado para um produto ou serviço inovador. Para isso a equipe deve coletar ou criar etapas do processo que resultem nesse sentido.

Que tarefa deve ser adotada para a pintura de um carro brilhar mais?

Que formula pode acelerar a análise de dados estatísticos econômicos para que um gestor financeiro tenha maior agilidade em suas decisões?

Existe um novo produto químico que sirva para evitar que a pintura dos cabelos das clientes num salão de beleza deixe-os menos saudáveis?

Todas estas perguntas podem ser feitas para a equipe do gestor da inovação em busca de melhores resultados. Se respondidas, podem incrementar os sistemas.

É estratégico, neste caso, que o gestor da inovação saiba realizar perguntas, criar desafios e direcionar sua equipe para a resolução destas situações. A técnica que mais colabora, neste caso, é a da realização de cenários futuros (também conhecida no universo científico como Metodologia Delphi).

No meu livro *Gestão da Inovação: Como Transformar Ideias Criativas em Produtos e Serviços Viáveis**, descrevo como funciona esse método, que deve ser aplicado com a ajuda de especialistas na área em que se pretende inovar.

*https://play.google.com/store/books/details/Edson_Zogbi_Gest%C3%A3o_da_Inova%C3%A7%C3%A3o?id=rF6uCgAAQBAJ&hl=pt_PT

Não é tarefa simples, mas é indispensável para a evolução de sistemas ou processos. Demanda tempo, conhecimento e investimento, enfim, é o trabalho de gestão da inovação com alto índice de sofisticação.

Disrupção – a estratégia[42] é simplificar e/ou baratear sistemas para que estes reflitam também na simplificação do uso ou barateamento do produto ou serviço inovador.

O gestor da inovação, neste caso, deverá estimular sua equipe a descobrir novas formas que atinjam estes objetivos, como este tipo de inovação baseia-se em sistemas ou processos já existentes, o maior trabalho é o de revisão dos mesmos.

É <u>estratégico</u>[43] também, que o gestor da inovação conte com a ajuda de especialistas em qualidade, que apontem os gargalos que podem surgir ao exagerar na disrupção. Por exemplo, até que ponto vale a pena simplificar e/ou baratear um sistema ou processo sem deixar a qualidade do produto ou serviço disruptor comprometida? Isso pode refletir na marca do produto principal? E no nome da empresa? O especialista em qualidade deve sinalizar com alertas à equipe sempre que se fizer necessário.

Inovação Radical – Este é o tipo de inovação que mais irá permitir o teste de sistemas ou processos novos. Arrisca-se mais, mas isto colabora para a diferenciação que o produto ou serviço inovador terá.

Chega a ser mais divertido, mas será <u>estratégico</u>[44] que o gestor da inovação crie várias vias de possibilidades de realização das tarefas e saiba compará-las, para decidir qual mais agregará valor, para que a equipe não acabe se afeiçoando a uma forma específica utilizada nos testes.

A racionalidade na escolha será fundamental, afinal, os sistemas ou processos escolhidos farão parte de "linhas de produção" normais com o tempo.

Sistemas inovadores públicos

O que difere basicamente um sistema privado de um público é que o segundo não visa lucro, normalmente tem sua fonte de recursos vinda dos impostos recolhidos por entidades governamentais.

Um gestor da inovação de projetos de sistemas públicos deverá ter em conta as estratégias mencionadas no item anterior (sistemas inovadores privados), mas para além disso deverá ter em conta que os sistemas públicos são mais perecíveis, pois tendem a seguir os tempos de mandatos políticos. Desse modo, os sistemas inovadores deverão ser estabelecidos em tempo recorde para que tenham alguma relevância para os cidadãos.

Sendo assim é estrategicamente prioritário que os sistemas a serem desenvolvidos sejam faseados em etapas curtas no cronograma para serem rapidamente implementados, evitando assim que se aborte um projeto interessante por motivações políticas.

É por este motivo que raramente o tipo de inovação de ruptura (radical) acontece no meio público, uma vez que comumente demanda mais tempo. Sendo assim, na área pública a inovação incremental (melhoria contínua) prevalece.

Apesar da necessidade de desburocratização por parte dos governos, a disrupção tem acontecido na área pública mais por conta do avanço da informática do que pelo surgimento de sistemas realmente inovadores e mais eficazes.

Além disso, é muito comum na área pública principalmente nas mudanças de gestão, darem uma "cara nova" a um serviço antigo, para fazerem parecer inovador.

Assim, um bom gestor da inovação focará estrategicamente[45] em projetos de melhoria continua, divididos em etapas curtas, para que os resultados apareçam.

Sistemas inovadores do terceiro setor

Os projetos de sistemas inovadores do terceiro setor têm a mesma relação que os projetos de sistemas inovadores do setor público têm com os projetos do setor privado, como mencionado anteriormente, então vou me ater a realçar as diferenças.

A dependência de voluntariado e de doações, ou de programas de incentivo fazem do terceiro setor um segmento que tem dificuldades para desenvolver suas atividades, é comum haver interrupções nas rotinas por falta de recursos.

Sendo assim, torna-se estratégico[46] inovar no pilar do marketing, criando formas de atratividade constantemente.

No terceiro setor é pouco comum haver inovações, normalmente o que se consegue fazer é passar o chapéu contando sua história e seus propósitos para apenas dar continuidade ao que já era feito.

Assim, o gestor da inovação deverá procurar indexar seu projeto de sistema para o terceiro setor a outras entidades, privadas ou governamentais e praticar o máximo de osmose, ou seja, a estratégia[47] é acoplar-se a projetos de sistemas inovadores dos outros setores, seguindo a mesma tipologia de inovação.

Dito assim, não parece muito inovador, mas o projeto de inovação ao qual o terceiro setor será parceiro sempre precisará de contribuição e capacidade inovadora, portanto, é estratégico que a equipe esteja preparada e estude ao máximo as oportunidades, vinculando-se às mais adequadas.

Ter um sistema inovador que trabalhe em rede com outros, abrindo a possibilidade de geração de recursos em várias frentes é o que viabiliza as coisas e não há nada de menos nobre nisso. O erro é se encher de orgulho e criar a falsa ilusão de independência.

É claro que o gestor da inovação deverá indexar seu sistema a entidades com credibilidade e para isto também é estratégico[48] que ele saiba escolher seus parceiros, evitando más interpretações ou riscos de imagem reforçando a presença do pilar da gestão como segundo em prioridade estratégica[49].

O futuro: Inteligência artificial estratégica?

É indiscutível que a inteligência artificial evolui a passos largos. Também é indiscutível que o volume de dados que ela analisa é incrivelmente maior e mais rápido do que qualquer equipe humana possa fazer. Tendo em vista que estratégias são processos muito lógicos, baseados em possibilidades e dados disponíveis, fica óbvia a chance de que a inteligência artificial nos sugira várias estratégias e até priorize algumas. Se, para além disso, houver atuação da máquina para testar reações e opiniões humanas, aplicando teoria dos jogos, por exemplo, teremos ainda mais sofisticação nas sugestões.

Isso será, sem dúvida, superior ao trabalho do gestor da inovação. Talvez suas ações fiquem mais no âmbito das táticas, ou na solução de problemas, onde se pode ser mais criativo e sobrepor, pelo menos por um tempo, a capacidade da inteligência artificial.

No que se refere ao trato com as pessoas, entretanto, o gestor da inovação continuará sendo importante, porque saberá perceber e atuar a favor do bom desempenho da equipe. Talvez seja esta a estratégia[50] principal no futuro dos projetos de inovação: lidar com pessoas sob as diretrizes racionais da máquina. Isso não deve nos assustar, é apenas adaptação aos recursos da tecnologia, como um homem aprendendo a dirigir um carro com os recursos que ele dispõe.

Os médicos hoje já sabem que o futuro da medicina estará no trato com as pessoas, não nos diagnósticos, nem nos procedimentos clínicos.

Os advogados também já sabem que a mediação será o futuro da profissão deles, porque aplicar as leis será fácil para a máquina.

Então não será diferente para um gestor da inovação. Na verdade, todos profissionais ganharão importância ao saber cada vez melhor lidar com pessoas. O tempo rapidamente nos dirá.

Estratégias 1 a 50

Foram numeradas todas as estratégias sugeridas no decorrer deste livro para que o leitor tenha uma noção do quanto é importante ter atenção aos projetos de inovação com um olhar capaz de prever, estimar e planejar os passos a seguir, ou seja, um olhar estratégico para inovações sustentáveis.

Índice remissivo das estratégias sugeridas

Estratégia

1   segundo o tipo de inovação - melhoria contínua - RH
2   segundo o tipo de inovação - melhoria contínua - síntese
3   segundo o tipo de inovação - melhoria contínua - visão
4   segundo o tipo de inovação - inovação radical - estrutura
5   segundo o tipo de inovação - inovação radical - nichos
6   segundo o tipo de inovação - inovação radical - cronograma
7   atenção aos fluxos segundo os tipos de inovação
8   segmentação

9   para o dilema da inovação

10   disrupção + melhoria contínua

11   timing da disrupção

12   alerta estratégico para melhoria contínua

13   alerta estratégico para inovação radical

14   alerta estratégico para disrupção

15   de planejamento para inovação total

16   objetivos claros para inovação total

17   perguntas estratégicas para o caso de inovação total

18   perguntas estratégicas para o caso da empresa espelho

19   perguntas estratégicas para o caso do clima inovador

20   o posicionamento como estratégia

21   para a geração da confiança

22   de desburocratizar

23   de negociação

24   confiança para desburocratizar

25   da carta na manga

26   da rede de especialistas

27   do foco para a produtividade

28   da empatia

29   da gestão do tempo

30   da captação de recursos

31   da equipe criativa

32   do especialista em solução de problemas via criatividade

33	dos *stakeholders* alinhados
34	para componentes inovadores
35	para produtos inovadores
36	da relação com a complexidade
37	para serviços Inovadores
38	da didática para gestão dos conteúdos
39	da coerência - adequação
40	para produtos e serviços inovadores
41	para sistemas inovadores privados - melhoria contínua
42	para sistemas inovadores privados - disrupção
43	da qualidade
44	para sistemas inovadores privados - inovação radical
45	para sistemas inovadores públicos
46	para sistemas inovadores do terceiro setor - pilar do marketing
47	para sistemas inovadores do terceiro setor - acoplar
48	para sistemas inovadores do terceiro setor - credibilidade
49	para sistemas inovadores do terceiro setor - pilar da gestão
50	uso inteligência artificial estratégica

Bibliografia

MAY, Rollo. *A coragem de criar*. Nova Fronteira, 1982. VARELA, Francisco; MATURANA, Humberto. *Autopoiese e cognição*. Medical, 1980.

PINKER, Steven. *Como a mente funciona*. Cia. das Letras, 1997.

OSTROWER, Fayga. *Criatividade e processos de criação*. Vozes, 1977.

BONO, Edward de. *Criatividade levada a sério*. Edward de Bono, 1997.

JOHNSON, Steven. *De onde vem as boas ideias?* Zahar, 2011.

SEAGAL, Sandra; HORNE, David. *Human dynamics*. Qualitymark, 1998.

EAGLEMAN, David. *Incógnito*. Rocco, 2012.

BATESON, Gregory. *Natureza e espírito*. Lumen (AR), 1987.

ATTRAM, Arthur. *Navegando na complexidade*. Instituto Piaget Editora, 2005.

OSBORN, A. *O poder criador da mente*. Ibrasa, 1975.

BATESON, Gregory. *Pasos hacia una ecología de la mente*. Lumen (AR), 1972.

MARIOTTI, Humberto. *Pensamento complexo*. Atlas, 2007.

LAND, G.; JARMAN, B. *Ponto de ruptura e transformação*. Cultrix, 1995.

KAHNEMAN, Daniel. *Rápido e devagar, duas formas de pensar.* Objetiva, 2011.

BONO, Edward de. *Seis chapéus.* Vértice, 1986.

PEIRCE, Charles Sanders. *Semiótica.* Perspectiva, 1999.

PINKER, Steven. *Tábula rasa.* Cia. das Letras, 2004.

DUBOS, René. *Um animal tão humano.* USP, 1974.

VON OECH, Ron. *Um tok na cuca.* Cultura, 1988.

SEAGAL, Sandra; HORNE Davis. *Human Dynamics.* QualityMark 1998.

MASSAÚD, Clóvis. *Método Delphi.* Disponível em www.clovismassaud.com.br. Acesso em 2006.

THOMPSON, Charles, *Grande ideia*, Saraiva, 1995.

MICHALKO, M. *Thinkertoys*, Cultura, 1995.

VON OECH, Roger. *Um chute na rotina*, Cultura, 1994.

Livros e Vídeos do autor relacionados à Inovação

Gestão da Inovação - Como Transformar Ideias Criativas em Produtos e Serviços Viáveis, 2008.

Criatividade - O Comportamento Inovador Dentro da Sua Zona de Conforto, 2013.

O Futuro da Alimentação em 2027 – Co-Autor e Organizador do Estudo, 2017.

Empreendedorismo, 2017.

Inovação de A à Z - coletânea de artigos publicados de 2006 a 2022

Tendências no Trabalho - Profissão e Formação de A à Z - coletânea de artigos publicados de 2006 a 2021

Temas Globais de A à Z - coletânea de artigos publicados de 2008 a 2021

Marketing de A à Z coletânea de artigos publicados de 2003 a 2021

O futuro do comércio e do consumo, 2012. (Português, Espanhol e Inglês).

Cenários Futuros Através da Metodologia Delphi – Organizador do Livro, 2011.

Inovação no varejo: o que faz o lojista criativo. 2. ed. Atlas, 2005.

Vídeo *Gestão da Inovação*: conceito e método. Dtcom, 2009.

5º Talk Show da Inovação – Projete-se com Inovação! – 16º PMI SP – Insert 2017.

4º Talk Show da Inovação – Tecnologias Inovadoras em Eventos - Centro Paula Souza – Insert 2017.

3º Talk Show da Inovação – Tecnologias Jurídicas Inovadoras – IBMEC – Insert 2017.

2º Talk Show da Inovação – CUBO Itaú - Insert 2017.

1º Talk Show da Inovação – FETEPS, Centro Paula Souza Insert 2015.

Vídeo *7 Exemplos para a empresa viver em rede*. Commit, 2012.

Vídeo *Talk Show*: inovações na Europa e suas relações com o Brasil. Dtcom, 2009.

Coleção com 4 Vídeos sobre Gestão da Inovação. Commit, 2008.

Vídeo *Gestão da inovação versus tendências da comunicação do varejo*. Dtcom, 2008.

Outros livros sobre inovação e tendências
FRANKLIN, Daniel (Org.). *2050: Megamudança*. Gestão Plus, 2012.
SENGE, Peter. *A 5ª disciplina*. Best Seller, 1990.
ANDERSON, Chris. *A cauda longa*. Campus, 2007.
NÓBREGA, Clemente. *A ciência da gestão*. Senac Rio, 2004.
BENTOV, Itzhak. *À espreita do pêndulo cósmico*. Cultrix, 1988.
CHAN KIM, W.; MAUBORGNE, Renée. *A estratégia do oceano azul*. Elsevier, 2005.
LEVITT, Theodore. *A imaginação de marketing*. Atlas, 1990.
CAPRA, Fritjof. *A teia da vida*. Cultrix, 1996.

CAPRA, Fritjof. *A teia da vida*. Cultrix, 1997.

CAPRA, Fritjof. *Conexões ocultas*. Cultrix, 2003.

FERGUSON, Marilyn. *Conspiração aquariana*. Nova Era, 1980.

CHRISTENSEN, Clayton M. *Dilema da inovação*. Makron Books, 2001.

ANDERSON, Chris. *Free*: o futuro é grátis. Actual, 2009.

TIGRE, Paulo Bastos. *Gestão da inovação*. Campus, 2006.

TAKAHASHI, Sérgio; TAKAHASHI, Vania Passarini. *Gestão de inovação de produtos*. Campus, 2007.

SIMANTOB, Moysés; LIPPI, Roberta. *Guia valor econômico de inovação nas empresas*. Globo, 2003.

HARVARD BUSINESS SCHOOL. *Implementando a inovação*. Campus, 2007. (Série Gestão Orientada para Resultados).

CRESSON, Edith. *Inovar ou depender*. Lisboa: Temas e Debates, 1998.

BATESON, Gregory. *Natureza e espírito*. Lumen (AR), 1987.

PREDEEP, A. K. *O cérebro consumista*. Cultrix, 2012.

CHRISTENSEN, Clayton. *O crescimento pela inovação*. Makron Books, 2003.

CAPRA, Fritjof. *O ponto de mutação*. Cultrix, 1983.

RITTO, Antonio Carlos. *Organizações caórdicas*. Ciência Moderna, 2009.

BROCKMAN, John. *Os próximos 50 anos*. Esfera do caos, 2008.

ATESON, Gregory. *Pasos hacia una ecología de la mente*. Lumen (AR), 1972.

CAPRA, Fritjof. *Pertencer ao universo*. Cultrix, 1991. LAND, George. *Ponto de ruptura e transformação*. Cultrix, 2006.

CANTON, James. *Sabe o que vem aí?* Lisboa: Editorial Bizâncio, 2008.

CAPRA, Fritjof. *Sabedoria incomum*. Cultrix, 1995.

TAVARES, Jean Max. *Teoria dos jogos*. GEN, 2009.

TAPSCOTT, Don; WILLIAMS, Anthony D. *Wikinomics*. Ediouro, 2006.

EDSON ZOGBI

Especialista em Cenários Futuros, Criatividade e Inovação, Perito e Vogal oficial ISO 56000 family of standards (gestão da inovação), Autor de 42 livros e 56 vídeos didáticos.

Trabalhou dez anos em projetos de inovação para o Fundo Social Europeu. Foi Professor universitário por dezoito anos e instituiu temas como Criatividade, Inovação e Retail Marketing em cursos de Pós-Graduação e Graduação na ESPM e nos MBA da USCS, Faculdade Trevisan e IBmoda. Como Executivo foi Diretor de Marketing da C&C - Casa & Construção, e do Grupo Projeção, com o lançamento de dez empresas inovadoras. Foi

Consultor de grandes agências de publicidade, como Loducca (Casas Pernambucanas) e Taterka (Mc Donald's). Realizou programas de Inovação em grandes empresas como PWC, Sony e Grupo Accor, além de uma centena de outras empresas de médio e pequeno porte. Os projetos na Europa atenderam mais de 300 empresas (PIAMEi9 e +COMÉRCIO) e 4 Associações de Bombeiros do Algarve (Bombeiros do Século XXI). Também implantou um programa completo de gestão da inovação numa das 10 maiores empresas de Portugal. Teve sua própria agência de publicidade e foi publicitário em outras. No seu percurso profissional teve mais de 25 profissões, escreveu e dirigiu filmes publicitários e curta metragens, realizou o maior flashmob de Portugal, foi cartunista e realizou eventos gastronômicos da "Mafia da Massa", como chef.

Conheça outros livros do autor

Calculadora o risco em inovações, novos produtos ou novos negócios

Site Cenários Futuros

Site Análise de Risco com Inovações e Empreendedorismo

Site 2 inteligências

Contato: ezinnovtools@gmail.com

EZInnovTools

www.ingramcontent.com/pod-product-compliance
Lightning Source LLC
Chambersburg PA
CBHW031437210526
45464CB00005B/2243